LES
PETITS MYSTÈRES
DES BALS
JARDINS PUBLICS
ET CAFÉS DE PARIS,

PAR MM. R... LT. J... N...

PARIS,

B. RENAULT, ÉDITEUR.

1858.

Les projets de bal.

LES
PETITS MYSTÈRES
DES BALS
JARDINS PUBLICS
et Cafés de Paris,

PAR M. R* ET J. N***.**

PARIS
B. RENAULT, ÉDITEUR,
RUE DES MAÇONS SORBONNE, 17.

1846

LE RÉVEIL DU LION.

mis, voici le printemps ! lé rossignol chantc, les lorettes gazouillent, les lilas fleurissent, les jardins destinés à nos plaisirs s'ouvrent..... Vivat ! à nous la Chaumière et la Chartreuse,

Mabille et le Château-Rouge! à nous les lionnes, les tigresses et les panthères! à nous tout ce qui danse, tout ce qui polke, tout ce qui rit, tout ce qui chante, tout ce qui fleurit, tout ce qui.... J'éprouve le besoin de finir cette invocation par un grand nombre d'*et cœtera*; mais. à bon entendeur, salut!

Déjà les plus doux mystères se produisent à l'ombre de ces bosquets finement saupoudrés de poussière comme des bosquets de Paris qu'ils sont, les infortunés! là se font les confidences entre la choppe et le cigare, là se forment mille projets et s'accomplissent une foule de choses dont je trouve convenable d'ajourner la nomenclature.

Mais il n'est pas de mystère pour le vrai lion : donc je dois être initié à tout. Je le suis, et il me plaît de vous les dévoiler, pour la plus grande gloire de la race léonine. Sus, écoutez, sans montrer pourtant, sous la peau du lion, les oreilles que vous savez.

C'était au Château-Rouge, cette résidence jadis presque impériale, d'où le roi Joseph Napoléon assista, sans coup férir, à la bataille de Paris en 1814, et qui est devenue un de nos élysées. Jenny la brune et Arthémise *la dorée* étaient assises sous un *tunnel* de lilas et d'aubépine.

— Ma chère, disait Jenny, le blond est si doux! et puis il joue si bien du flageolet! cela berce délicieusement; on s'endort heureuse aux sons expirants de l'instrument.....

— Eh bien! alors, fit Arthémise, la nature, l'amour et la musique étant à l'accord parfait, je ne vois pas d'obstacles à....

— Oh! mais c'est que le brun est si vif, si ardent..... sans compter que la trompette à piston est son élément; et quel piston! ah! ma chère! des accents à fendre l'âme la plus dure, de ces choses auxquelles rien ne résiste.....

— Alors je vote pour le brun. Vive

le piston!.... parce que, ma toute belle, un brun.... qui a l'haleine longue, qui a de la méthode et de la mesure..... mais c'est presque un dieu!.... Va donc pour le brun!.... je suis folle du brun!

— Ah! si tu voyais le blond, avec ses grands yeux bleus fendus en amande, ses lèvres roses, son air candide....

— Il est bien vrai que cela a son prix, la candeur; c'est un peu bête, mais c'est amusant.... Alors garde le blond.

— C'est bien ce que je ferais, si le brun, de son regard, ne me perforait.

— Il te perfore, le monstre!... Ah! Jenny, que tu es heureuse!

— Mais le blondin fait si délicieusement rêver!

— Oh! ma chère! s'écria Arthémise impatientée, il faut pourtant qu'une porte soit ouverte ou fermée!

— Pourquoi fermée, chère?

— C'est juste, répliqua Arthémise après quelques instants de silence, pourquoi fermée?..... En vérité, je n'avais pas prévu l'objection; mais j'en sais le mérite maintenant. Nous sommes des femmes philanthropes; la philanthropie est à l'ordre du jour... d'ailleurs, si elle n'y était pas, nous l'y mettrions..... Donc, je commence à comprendre que le brun ne saurait être un obstacle au blond, et que le blond pourrait parfaitement prendre ses quartiers d'hiver pendant les ardeurs du brun.....

— Arthémise, tu es un ange! tu comprends la philanthropie dans sa plus haute acception.....

— Tu choisis?.....

— Non; je les garde.

Arthémise fit une petite moue significative, mais ce ne fut qu'un nuage. Le lendemain, Arthémise *la dorée* polkait avec le brun à piston, et Jenny se consolait avec le blond au flageolet. Ainsi va la vie dans ces joyeuses réunions où tout est pour le mieux dans le meilleur des mondes possibles.

PETITS MYSTÈRES

DES

JARDINS PUBLICS

DE PARIS.

⋆⋅•✦•⋅⋆

I l y a déjà bien des années que les paisibles habitants du quartier Saint-Honoré s'endormaient tous les dimanches, lundis et jeudis au bruit des quadrilles exécutés par quatre ou cinq musiciens qui s'en donnaient à cœur joie dans une des longues salles de l'hôtel d'Aligre, situé dans la rue du même nom.

Quel était donc le locataire qui, dans ce sombre et gothique réduit, avait trouvé le moyen de faire rire et danser? Quel était donc celui qui ressuscitait ainsi ce vieux corps mort?

Quelle était la volonté assez piquante pour attirer, à jour et à heure fixes, cette myriade de danseurs et de jeunes filles qui venaient s'agglomérer dans un espace aussi rétréci, au milieu d'une chambre enfumée dont les murs étaient tapissés de draperies d'un jaune plus que hasardé?

Cet homme que tout le monde connaissait, que tout le monde nommait tout haut, ce locataire dont la vaste intelligence dominait en ces lieux,

Ce locataire était M. Mabille!!!

M. Mabille, homme de mœurs douces et populaires, M. Mabille, chez lequel la meilleure intelligence devait régner, puisque

chacun riait et que tout le monde s'y donnait
la main, pour danser la contredanse, bien
entendu.

Mais tout s'enfuit ici-bas... tout passe... les
grandeurs... la jeunesse,.. la beauté... tout
passe, deux choses exceptées peut-être et qui

existent toujours chez les Français, — l'inconstance et la gaieté !

Un beau jour, ou un beau soir, pour parler plus véridiquement, le chef des menus plaisirs des habitants de la rue d'Aligre se frappa le front à la manière de M. Victor Hugo. — Parbleu ! s'écria-t-il, au lieu de laisser étouffer mes danseurs et moi-même... si je leur donnais et me donnais de l'air ; si je remplaçais ces lieux sombres, cette rue déserte, par un lieu infiniment champêtre, parsemé de fleurs et de charmilles plus ou moins épaisses.

Aussi prompt que la pensée, M. Mabille sortit à l'aurore, et en marchant tout le long... le long de la rivière, il arriva à la place de la Concorde... Quand il fut en face de la Chambre des Députés...

— Voilà, s'écria-t-il en frappant de nouveau ses protubérances occipitales, voilà le rendez-vous de fameux... députés, et je veux contribuer à les faire sauter !

Cette idée, qui ne faisait que traverser son cerveau comme un éclair, fut celle qui lui parut la superlative... Les premières inspirations sont toujours les meilleures,

Nous l'allons montrer tout à l'heure,

et M. Mabille se dirigea immédiatement vers les Champs-Élysées.

L'ALLÉE DES VEUVES.

ependant, après les avoir parcourus en plusieurs sens, il allait franchir le rond-point, lorsqu'en levant la tête il vit, incrusté sur le mur d'une maison : *Allée des Veuves!* Jamais lieu ne fut plus propice à l'établissement que dirigeait notre voyageur... Il le comprit parfaitement; car, longeant les murailles sur lesquelles étaient des placards portant cette suscription : *A vendre ou à louer...* il eut bientôt fait son choix... Un emplacement fut arrêté par lui, et M. Mabille revint, en se frottant les mains, dans la rue d'Aligre, où il annonça que dans deux mois il allait quitter le quartier Saint-Honoré.

Enfin, pour justifier ce vers que M. Arouet de Voltaire met dans la bouche de Mahomet,

Je suis ambitieux. — Tout homme l'est sans doute.

M. Mabille sentit aussi des bouffées d'ambition lui monter au cerveau. — Son local lui avait semblé sombre, triste, peu aéré surtout. Il rêva la splendeur des plaisirs agrestes ; il transplanta les giroflées qui s'étiolaient à sa fenêtre, mit sous son bras droit sa caisse d'oranger, sous le bras gauche le basilic qui parfumait le dessus du plomb, et, fier de ce double fardeau, semblable au père Énée qui transporte ses dieux Lares, il alla planter sa tente à la place qu'il avait choisie, dans un endroit écarté.

Ou de monter un bal il eut la liberté,

Mais ce n'était pas tout : le lieu était trouvé, la terre de Canaan était devant ses yeux, la grappe y poussait déja fort agréablement, mais il s'agissait de récolter ce fruit de la terre promise.

M. Mabille est homme d'invention autant qu'homme du monde.

Rue Saint-Honoré, il avait un violon ; il fit venir deux violons ; un fifre ét une clarinette accompagnaient ce violon depuis nombre d'années, il y joignit un cornet à piston pour les mettre d'accord. Il acheta, de rencontre, un tambour qui, avec des protections et une peau d'âne entièrement neuve, fut élevé à la dignité de grosse caisse. — Tous les instruments se mirent à jouer presque à l'unisson ; et, comme le Très-Haut après la grande œuvre de la création, M. Mabille s'écria : — Ceci sera mon orchestre !

C'était bien quelque chose, mais ce n'était pas tout ; il manquait encore un public pour goûter cet orchestre, un public joyeux pour danser autour du pot de basilic ! Tout autre que M. Mabille se serait désespéré. — Non plus que saint Jean, qui prêchait dans le désert, M. Mabille ne s'inquiéta pas de cette solitude ; il laissa quelque temps les violons endormir les échos d'alentour et le cornet à piston réveiller les moineaux perchés sur les arbres des Champs-Élysées. Couvert d'un modeste paletot de castorine, M. Mabille vola à la gloire et à la fortune à cheval sur les cent trompettes de la Renommée, ou, pour parler un français plus à la portée de toutes les capacités, il fit tirer un millier d'affiches dans lesquelles il exaltait les trois violons, la clarinette et le cornet à piston, sans oublier, toutefois, de chanter les louanges de son pot de basilic.

Le mois de mai, le joli mois de mai, mois des roses et des lilas, comme dit Desmahis, le joli mois de mai, l'un des quatre mois pernicieux pour les huîtres, comme dit Brillat-Savarin, venait à peine de verdir sa première feuille qu'on vit sur une affiche d'une superbe dimension et placardée sur tous les murs de Paris :

OUVERTURE DU JARDIN MABILLE
ALLÉE DES VEUVES.

M. Mabille comprit parfaitement que le nom de l'*Allée des Veuves* lui permettait quelques licences par le temps de scepticisme qui court. On rencontre peu d'Arthémise, encore moins de veuves du Malabar, les conjoints désunis ont besoin de distractions. Il se mit donc à divertir cette partie de la population, une des plus intéressantes, sans contredit, qui, pour la plupart du temps, ont besoin d'étourdir leur éternel veuvage.—Les portes furent ouvertes sous cette bienfaisante inspiration, et le quartier Notre-Dame-de-Lorette put dès lors se livrer à toutes les joies du chagrin, aux espérances de la consolation, les dimanches, lundis, jeudis et samedis, un jour de plus que dans la rue Saint-Honoré.

Le jardin Mabille devint en peu de temps
une succursale des fêtes de l'Opéra, qu'il conti-
nuait agréablement;

il réunissait toutes les jouissances qu'on peut
trouver avec de l'argent. Le pot de basilic fit
place à des massifs de lilas, qui voulurent bien
protéger de leurs mystérieux ombrages les

danses les plus furibondes, et dès lors M. Mabille put inscrire sur la porte de cet Eldorado;

Par les mœurs, le bon goût, modestement il brille.

Pour le second vers, il l'abandonna aux entreprises timorées qui ne croient jamais réunir trop de public et qui ne se contentent pas d'avoir la mère, mais veulent encore posséder la fille. Aux distractions du corps et de l'esprit devaient nécessairement se joindre les exigences de l'estomac : en homme habitué à servir tous les besoins de l'époque, M. Mabille fit-dresser la nappe, alluma ses fourneaux.

On ne sait pas de quelle importance peuvent être un pâté et une bouteille de Morizet bien placés dans une conversation ; l'estomac est bien près du cœur, et, de tout temps, les bons repas ont fait les bons amis.

En effet, quoi de plus réjouissant que l'aspect d'une table bien servie ! comme cela vous dilate le cœur, vous allume le regard et vous délie la langue! comme, après un bal, les jambes se reposent agréablement quand la mâchoire fonctionne!

M. Mabille le sait bien; il connaît le cœur humain en général, et l'estomac de son public en particulier; les contredanses eurent des entr'actes, et les heureux couples, fatigués par une valse trop sentie ou par une polka trop active, purent reprendre de nouvelles forces le verre à la main et la fourchette au poing.

LA REINE POMARÉ.

uelle est celte jeune femme, au teint vif, au regard fier et à la démarche gracieuse, qui bondit comme une folle et rit aux éclats aussitôt que l'archet donne le signal? cent jeunes gens se disputent sa main.... Nouvelle Hélène, quel est le moderne Pâris qui va t'enlever?

Cette jeune et gracieuse femme, c'est Rosita!... *Rosita...ou l'Enfant du mystère...*

comme aurait dit feu Ducray-Dumesnil. Ceux qui la voient insoucieuse et gaie ne savent peut-être pas que bien souvent de grosses larmes se sont échappées de ses yeux, et que plus d'une fois elle a maudit l'instant où elle a vu le jour.

Vous avez dû vous douter, en voyant sa mine dédaigneuse, que du sang noble et aristocrate coulait dans ses veines, et vous avez eu raison. — Rosita est la fille d'une grande dame ou de quelqu'un qui aurait pu le devenir.

Il y avait, autrefois dans le faubourg Saint-Germain, une jeune fille habitant un hôtel de la rue de Grenelle... Vis-à-vis des croisées de l'appartement de la gentille Isaure de M*** étaient celles d'un jeune artiste.... Chaque matin, lorsque Isaure soulevait sa verte jalousie..., son voisin était déjà appuyé contre sa fenêtre, le regard tourné vers la chambre de celle qu'il aimait!

Isaure ne fit point attention, dans les premiers jours, à cette longue figure dont l'œil bleu avait quelque chose d'attractif et de puissant... mais... il n'est pas de femme au monde qui résiste à une persévérance à toute épreuve !

Bientôt Isaure, sans savoir pourquoi, levait

les yeux vers la demeure de son voisin..., et, peu à peu, ce n'était plus le hasard, mais sa volonté seule qui l'entraînait chaque matin, à la même heure, à la même place.

Deux mois s'étaient passés en correspondance télégraphique. Tantôt Alfred de V***, en offrant une rose, envoyait un baiser auquel Isaure répondait en souriant; tantôt c'était une lettre qu'on voulait faire parvenir, et pour laquelle on demandait une réponse...

Enfin, l'amour, qui rend timide, peut aussi donner parfois du courage..., et un jour que la jeune Isaure sortait de l'hôtel, accompagnée d'une femme de chambre, Alfred trouva le moyen de glisser sa première missive...

On ne répondit pas d'abord; mais, au lieu de paraître à la croisée le matin seulement, Isaure y était à midi, et le soir encore... Il advint qu'un soir... vers neuf heures... dans une des sombres allées du jardin de l'hôtel de la rue de Grenelle... Alfred attendait avec anxiété celle qui lui avait dit la veille : Espérez!...

Pour arriver près de celle qu'il adorait, l'amant franchissait tous les soirs le mur qui séparait la cour de la maison qu'il habitait de celle de sa bien-aimée.

Jours de bonheur, vous passez vite !.. Plaisirs si doux, pourquoi coûtez-vous tant de pleurs?..

Un an s'était écoulé dans la plus douce ivresse, quand un jour Isaure sentit qu'elle allait devenir mère !... Comment cacher cette faute aux yeux de toute sa famille?.. Alors le désespoir le plus affreux s'empara de la jeune fille.

Alfred, en amant résolu et dévoué, proposa de fuir, et la pauvre enfant, inquiète et éperdue, suivit le conseil de celui qu'elle aimait de toute son âme.

Le lendemain soir, un orage affreux venait d'éclater... la rue de Grenelle était sombre et déserte... il était minuit... La porte de l'hôtel qu'habitait Isaure s'ouvrit doucement; et Alfred, pressant la main de la jeune fille, la conduisit à une voiture qui les attendait à quelques pas...

On partit... la voiture marcha toute la nuit, et le jour suivant, à huit heures du matin, elle s'arrêta devant la porte d'une petite maison assez gentille, dans le bourg de Saint-Mesmin, situé près de la ville d'Orléans.

Pendant plus de dix-huit mois, les deux fugitifs échappèrent à toutes les recherches de la famille de la jeune personne... et la jolie petite fille qu'avait eue Isaure semblait faire oublier à sa mère le chagrin qu'elle-même devait causer à son père.

Alfred parut aussi être le plus heureux des hommes pendant quelque temps; mais tout à coup Isaure s'aperçut d'une tristesse dont elle ne pouvait pas s'expliquer le motif. Elle l'interrogea en vain, et ses réponses, toujours évasives et entrecoupées, préoccupaient vivement celle qu'il avait juré de toujours aimer.

Hélas! les hommes, comme le dit mademoiselle Flore *des Variétés*, sont vraiment *des pas* *grand-choses*.

Alfred sentait que le plus cruel ennemi de l'amour s'emparait de lui. Cette passion si vive qu'il avait ressentie autrefois s'était peu à peu affaiblie.... l'amitié l'avait remplacée, mais ce sentiment dans un cœur qui fut amoureux n'est que l'indifférence, et l'indifférence fait naître l'ennui !...

Le hasard sembla vouloir servir ses projets.

Un jour, il reçut une lettre de Marseille : sa mère lui écrivait, elle voulait le revoir !...

Comment faire cet aveu à Isaure ! il le fallut cependant... ce furent des pleurs, des terreurs et des inquiétudes ! Alfred chercha à calmer celle qu'il devait bientôt rejoindre, et il partit après avoir à peine embrassé son enfant.

Deux mois s'étaient passés... et Isaure n'avait reçu qu'une lettre ! une lettre ! « Autre- » fois, disait-elle, il m'en écrivait deux par » jour ! »

Bientôt la pauvre jeune femme, en proie

aux plus vifs regrets, tomba sérieusement malade... et au bout d'un mois ou deux de souffrences aiguës... elle succomba à la douleur d'avoir perdu pour toujours celui qu'elle avait tant aimé... Elle mourut sans le maudire!... et son dernier soupir s'envola avec une pensée d'amour pour lui!...

Rosita demeura orpheline... Une bonne femme qui avait été au service d'Isauro ne chercha point à découvrir la famille de la petite fille. Avec ce bon cœur que vous connaissez au peuple, elle adopta la pauvre enfant, et revint à Paris, emportant seulement le berceau où était couchée la fille d'Alfred de V***.

Rosita grandissait, et à six ans elle faisait l'admiration de toutes les portières de la rue du *Cherche-Midi*, où logeait sa mère adoptive... On retrouvait chez elle cette vivacité et cette bonté de cœur qu'avait sa mère... Le cœur! c'était par-là aussi que Rosita devait succomber...

La pauvre femme qui avait élevé l'orpheline cessa d'exister, et la jeune fille se trouva,
à seize ans, libre, abandonnée, avec des yeux
ravissants et un cœur à donner ! Elle était
seule au monde, et cet isolement, pendant
deux ans, lui fit souvent verser des pleurs ! .
Vivant au jour le jour, et souvent de priva-
tions, elle cherchait une âme à laquelle elle
pût se confier...

Nous devons dire qu'elle a fini par en trouver plusieurs, et que Rosita, depuis cette époque, a été beaucoup aimée... Tantôt au milieu d'une aisance qui touche à la prodigalité,
vous la voyez nonchalemment étendue dans
un équipage qui l'entraîne au bois de Boulo-
gne, et elle descend de son coupé pour rentrer
dans un appartement somptueux et conforta-
ble. Tantôt le Pactole, ne roulant plus son sa-
ble doré dans ses pénates, elle devient aussi
philosophe qu'elle fut oublieuse du passé et
de l'avenir, et, reprenant ses socques et son pa-
rapluie, elle court les rues avec cette démar-

che toujours fière et hautaine qu'elle avait au
jour de sa gloire pécuniaire.

Mais, comme nous l'avons dit tout à l'heure,
c'est au bal où chacun l'admire... c'est au
bal où un cercle de lions à gants jaunes en-
toure le quadrille où elle doit figurer... C'est
qu'en effet jamais femme n'a eu un aussi joli
petit pied, jamais danseuse espagnole n'a dé-
ployé plus de souplesse et de volupté... Et je
dois vous citer à ce propos des vers que j'ai
vu improviser sur cette charmante souveraine
de Mabille :

> Sous le riche ciel d'Italie,
> Où tout soupire un mot d'amour,
> Dans cette enivrante patrie,
> Rosita, tu reçus le jour !
> Là chaque femme est délirante,
> Et de l'azur qui brille aux cieux
> S'échappe une flamme brûlante
> Qui scintille dans tes beaux yeux !

Ce fut ce même soir, à l'époque où l'affaire
de Taïti avait le plus de retentissement, que
la jeune femme, s'élançant au milieu d'un
quadrille avec cette légèreté et cette ondula-
tion de taille que vous lui connaissez, fut sur-

nommée *Reine Pomaré*. Une voix partie du groupe des spectateurs fit descendre une couronne sur la tête de Rosita.

Et depuis ce jour, la fille de la jeune comtesse de W***, que tout Paris a connue, et de Alfred de V***, fut élue, à l'unanimité, reine du royaume Mabille!...

Mais il fallait trouver un roi à la reine Pomaré!...

LE ROI POMARÉ.

cette reine née du hasard et de la vogue il fallait un roi dans les mêmes conditions. Une polka suffit pour fixer le choix de la multitude qui ne demandait qu'à se prononcer. Elevé au sein des plus saines doctrines, le bouillant jeune homme cherchait un moyen de développer les talents dont la nature l'avait doté et que l'éducation n'avait pas manqué de faire germer.

Sa tête brûlait, ses jambes frétillaient ; mais il fallait une occasion de mettre au jour toutes ces brillantes qualités, lorsque la polka surgit tout à coup du cerveau fortement cerclé de M. Cellarius. L'occasion était belle pour notre adepte ; *nourri dans le sérail*, il en connaissait tous les entrechats et les pirouettes. Dans l'espace de deux jours, la danse cellarienne n'avait plus de mystères pour lui. Fier de ce fleuron dont il voulait faire sa couronne, il se présenta à l'Allée des Veuves, la polka dans les jambes et son projet dans la tête. Ce jour-là son épaisse et brune toison était moins négligée que de coutume, son œil luisait d'un air vainqueur, et, pour cette circonstance décisive, il avait consenti à emprisonner ses mains dans des gants beurre-frais.

Tout à coup l'archet résonne. — C'est la polka ! D'un bond, *le jeune homme* est auprès de la reine Pomaré. — Il fallait les voir tous deux, variant les poses, arrondissant les bras, se tortillant de la façon la plus joliment drôle !

Ils firent si bien des yeux et des jambes qu'un cercle de bravos s'établit autour d'eux, et qu'une pluie de fleurs et de bouquets couronna ces deux princes de la danse, qui, d'un seul coup de jarret, venaient d'enfoncer Cellarius, le grand Cellarius !!!

Le jeune roi Pomaré fut à tout jamais, c'est-à-dire pour la saison, sacré roi des bocages de Mabille ; mais le conquérant, en posant la couronne sur son front, n'avait pu sau-

ver son cœur (style Florian). Les grands
yeux noirs de la souveraine avaient battu en
brèche cette place très-peu fortifiée ; le roi re-
devint donc, pour un moment, simple citoyen ;
il eut de l'esprit comme un prolétaire ; il avait
l'expérience du *saut périlleux*, qu'il avait déjà
pratiqué sur les planches des Folies-Dramati-
ques. Il sortit donc ce petit chef-d'œuvre des
cartons de son intelligence. Ce jour-là, il était
en voie de prospérité, et le soir... on vit partir
les deux majestés, bras dessus, bras dessous,
gagner les hauteurs des Champs-Elysées, se
jeter dans une modeste citadine... et.. le
lendemain ils reparaissaient ensemble, dan-
saient ensemble, étaient applaudis ensemble...
polkant avec verve... avec amour ! ! !

LA COUR DU ROI POMARÉ.

’est une vérité généralement reconnue ; tout grand seigneur a des valets, *tout marquis veut avoir des pages:* pourquoi donc le roi et la reine Pomaré n’auraient-ils pas une cour?—Il est vrai que les courtisans se mesurent à l’aune du monarque, et les dames d'honneur sont dignes en tout point de la reine aux yeux noirs. — En roi débonnaire, notre polkiste se laisse volontiers approcher, coudoyer, tutoyer même par les lions barbus et chevelus du jardin Mabille. Il n'a pour lois que le plaisir, ce qui fait qu'elles ne sont point transgressées ; on danse, et le roi est content ; on valse, il est ravi ; on polke, il est aux anges. Nul ne songe à lui enlever son sceptre : *Mercure*, *Mercure* lui-même, qui, un moment avait eu la vogue, s'est rangé sous sa bannière, fier de son divin nom conquis à la pointe d'une valse.

Les courtisanes du jardin Mabille, je veux dire les jolies femmes qui suivent la reine Pomaré, ne cherchent à lui disputer que l'empire de la beauté. Aussi compte-t-on aux premiers rangs — Sophie la Bavarde, Louise Guipure, ainsi nommée, non parce qu'elle aurait pu inventer les dentelles, mais parce qu'elle a trouvé le moyen d'utiliser ce léger vêtement, et que de l'accessoire elle en fait le

principal; Clara Fontaine, la petite Lucile, la
grande Salomé, quelques artistes des Folies-
Dramatiques, la belle Arsène Chaumont, Pau-
line Fleury, qui l'est moins que son teint, et
une foule d'autres des servantes de Vénus, habitant plus ou moins Breda-Street.

Autour de ces ravissantes dames, dites

d'honneur, un essaim d'*honorables* vient bour-
donner, et tente, auprès de ces Danaés mo-
dernes, le procédé toujours bon, quoique un
peu vieux, de la pluie d'or. — Il est encore
vrai que, par le temps et les innovations qui
courent, c'est le plus souvent une pluie
Ruoltz. — Quelques membres de la haute

Chambre ne dédaignent pas non plus de venir

fairo miroiter leurs blasons mi-partie or et
argent, devant ces pauvres allouettes qui se
laissent souvent prendre par le chasseur qui
monte derrière la voiture. — Le cœur n'y est
pour rien, et, bien que douillettement roulées
dans un coupé soyeux, elles rêvent au beau
lanseur qui a tout pour plaire, tout... moins
l'équipage.

COMMENT ON FAIT L'AMOUR A MABILLE.

ci s'agite, une grave question que nous allions nous efforcer de résoudre autant que faire se pourra. L'amour, dit Champfort, est le change de deux fantaisies et le contact de deux épidermes. Ceci pourra suffire, au besoin, pour répondre à la question qui nous occupe.

Mais nous sommes en plein jardin Mabille ; ne l'oublions pas.

D. Comment fait-on l'amour à Mabille

R. Comme partout.

Cette réponse, qui au premier moment a toute l'apparence d'une vérité exacte, n'est qu'une grossière généralité à l'égard des hôtes de l'eldorado Mabille. Dans le siècle d'escompteur où nous avons le bonheur de vivre, tout le monde, il est vrai, peut, au moyen de la clef d'or, se faire ouvrir bien des portes d'alcôves ; mais l'amour, qui se livre au plus offrant et dernier enchérisseur, se donne plus souvent encore, et cela par l'effet d'un caprice, d'une fantaisie. Les billets qui sont admis ne sont que des billets de caisse ou des lettres du plus brûlant amour. Rotschild et Werther sont égaux devant une jolie femme : ils arrivent au même but par des chemins différents, voilà tout.

Il est vrai que M. Mabille, le dieu de ce sé-

jour, a semé son paradis de détails bien eni-
vrants, dont le restaurant est sans contredit le
plus attrayant. La vertu qui chancelle dans le
chemin âpre et raboteux du devoir résiste ra-
rement à cet entraînement, et l'esprit tenta-
teur est là qui vous enserre dans les pattes
d'un homard cuit au court bouillon, une bouteille de Morizet frappée d'une main, un cigarre pur Havane de l'autre.

Courte et bonne ! voilà la vie des habitués
du jardin Mabille. Il ne s'agit donc pas de per-
dre en paroles un temps précieux que l'on
peut donner à l'action. — La conversation
commencée dans un quadrille se noue sous
un bosquet de lilas, se consolide dans un ca-
binet de la maison dorée, et vient mourir à la
lueur du gaz le jeudi suivant. Une pirouette
vous lie, une pirouette vous délie ; on ne connaît ainsi de l'amour que les voluptés ; les
chagrins sont écartés avec soin ; la vie passe,
pour ces jeunes filles, comme un beau jour do
printemps ; elles s'empressent de cueillir des

fleurs tant que doit durer la saison des fleurs. Insoucieuses de l'hiver, qui ne doit leur apporter que de nouveaux plaisirs, et cela tant qu'il y aura des jolies filles, des fleurs, de la

verdure, des joies enivrantes, et des cabinets particuliers à la Maison Dorée ou au Café Anglais.

C'est en effet ces deux palais, dédiés à l'art culinaire, qu es habitués de l'Allée des

Veuves ont adoptés avec ce goût particulier
qui les distingue. Notre double qualité d'histo-
riens et de penseurs nous faisait donc un de-

vnir de suivre jusqu'au bout les gracieux co 1-

ples que nous avions déjà vus faisant dos à dos. Pleinement satisfaits des résultats de nos observations, nous allions nous retirer modestement, comme de bons et paisibles bourgeois, lorsqu'un chant parti en chœur d'un petit salon contre lequel nous étions adossés nous apporta le refrain passablement trivial de la ronde des *Bohémiens de Paris*.

Cette ronde renfermant tout l'historique du jardin Mabille, nous nous sommes empressés de la copier, et nous la donnons sans altérer la pureté de la versification, qui ne le cède en rien à la riche couleur des situations.

RONDE DE MABILLE.

Allons chez Mabille,
Charmant et gracieux séjour!
Tout, dans cet asile,
Fuit sur les ailes de l'Amour!
La beauté facile
De gaîté pare le destin,
Et le temps qui file
Laisse des fleurs sur son chemin.

Allons chez Mabille,
Charmant et gracieux séjour!
Là le plaisir file
Sur les deux ailes de l'Amour!
Allons chez Mabille,
Car le plaisir file
Dans ce doux asile
Aux soupirs des amours,
Oui des amours;
Mabille est le *père aux amours!*

Bégueule morale,
Adieu, ton règne est enfoncé!
  Arrière et détale,
De rire, ici, l'on est pressé!
  La femme sensible
Qui, le soir, nous fait les doux yeux,
  Veut, s'il est possible,
Prendre un amant et même deux.

  Allons, etc.

De chaque danseuse
Le noble titre est avéré :
  La fashion, nombreuse,
Y voit la reine Pomaré!
  De cette *sultane*
Le règne durera toujours ;
  Car, lorsqu'elle *flâne*,
Sur ses pas naissent les amours.

  Allons, etc.

Mabille, ô grand homme!
A toi nos cœurs et nos deux francs!

Et toi qu'on renomme
Parmi les êtres les plus *francs*,
D'après ton affiche,
Tu donnes valses et polka;
Mais on peu dire... fiche!
Que tu donnes bien plus que ça

Allons, etc.

Le lion roucoule
Sous son long crin chicocandard.
Toujours, dans la foule,
On lui lance un tendre regard.
Mabille a la pomme;
Mais, nous devons en convenir,
Ce Pâris, qu'on renomme,
A mille Vénus peut l'offrir.

Allons, etc.

LE JUIF - ERRANT.

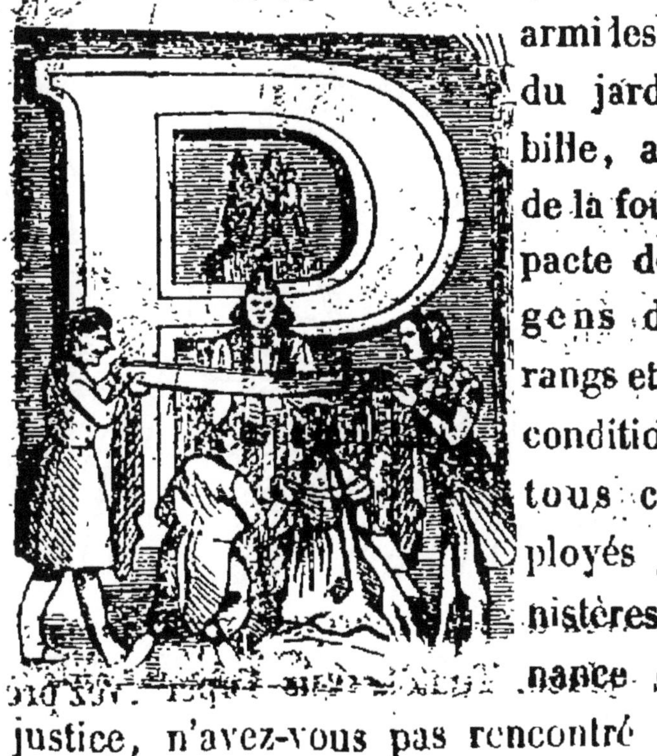

P armi les habitués du jardin Mabille, au milieu de la foule compacte de jeunes gens de tous rangs et de toute condition, parmi tous ces employés des ministères, de la finance et de la justice, n'avez-vous pas rencontré un jeune homme grand et blême, à l'œil noir caché

sous d'épais sourcils, et qui souvent parle à
Louise la blonde, et se promène toujours avec
Sophie la bavarde, sous le bras?

Vous avez dû le remarquer, mais jamais à
la même place. Tantôt vous l'apercevez près

du café, se perdant dans un nuage de fumée
produit par un cigarre qui ne s'éteint jamais,
et qui, depuis la nouvelle loi, absorbe tous
ses capitaux ; tantôt sa tête vous apparaît derrière un bosquet ; un instant après, il est au
milieu des danseurs et gesticule tellement

que la place est vide à un mètre autour de lui.
— Cet homme, dont la mise et le chapeau
gris rappellent des temps plus heureux, est le
Juif-Errant, le véritable Juif-Errant!!! le
même qui a été à Bruxelles en Brabant en
812; c'est l'Ahasvérus des jardins de Paris.
Et voulez-vous savoir comment son incognito
a été trahi?

Jamais il n'a payé le plus petit verre de
kirch à ses camarades. Quand on lui en fait
le reproche, il tire de sa poche une pièce de
cinq sols qu'il montre à tous ses compagnons
de folie...; de cette manière, il vit aux dépens
de celui qui l'écoute... La fatale pièce, qui est
tout son avoir et qui le met dans l'impossibi-
lité de monter en omnibus, a mis sur la trace
de sa véritable individualité.

Du reste, doué d'une force herculéenne, il
a cette assurance que donne la conscience
d'un bras vigoureux, et bien certainement
c'est là le héros le plus remarquable des jardins où le plaisir nous appelle.

Mais notre Ahasvérus ne dompte que les cruelles. Cet homme mystérieux, dont l'univers connaît les moyens d'existence, exerce un empire absolu sur toutes les houris de l'allée des Veuves ; et si quelque rixe, quelques difficultés s'élèvent entre elles, aussitôt le Juif-Errant pivote sur lui-même, juge, prononce, et tout rentre dans l'ordre, et le quadrille recommence ses bonds ; avec lui la justice est expéditive, elle marche, marche, marche!

Mais où va-t-il ?... Depuis bientôt trois mois il jouissait d'un peu de repos lorsque le quinze juin est arrivé, le quinze juin ! époque fatale où *le Constitutionnel* a ouvert

ses colonnes à cette redoutable concurrence qu'on nomme *le Juif-Errant* et qui menace,

aussi lui, de marcher jusqu'à la fin des siècles.
— Reprenant donc son bâton-blanc, chaussant de nouveau ses escarpins à doubles semelles, il a repris sa course à cheval sur un feuilleton, et Dieu seul peut savoir quand il pourra s'arrêter.

Et pourtant nous pouvons affirmer qu'il était en grandes fiançailles. — Le Juif-Errant courait le monde pour rencontrer une épouse ; elle était trouvée ! mais..

> Est-il rien sur la terre
> Qui soit plus surprenant
> Que la grande misère
> Du pauvre Juif-Errant ?

Non, rien ne saurait être comparé à la fatalité qui poursuit cet infortuné, et qui a si bien brouillé ses papiers de famille qu'il se voit forcé et contraint de recommencer sou interminable tournée.

M. MABILLE SUR SES VIEUX JOURS.

e vous l'avouerai franchement, mes opinions humanitaires sont d'une certaine profondeur. J'ai lu à ce sujet pas mal de brochures, encore plus de volumes, et de toutes ces lectures il est résulté que je suis un peu, comme M. Jourdain, humanitaire sans le savoir.

Quels sont les hommes les plus utiles?

Ce sont, selon moi, ceux qui peuvent faire descendre le plus gaiment le fleuve de la vie. — Ceux-là ont des droits incontestables à la reconnaissance publique, car tous les efforts de l'homme tendent à se procurer dans ce monde le plus d'agréments possible.

L'auteur ne travaille que pour la gloire!

La gloire flate son amour-propre, ce qui est une grande satisfaction pour lui.

L'argent est-il le but qu'il veut atteindre (et malheureusement aujourd'hui c'est le mobile le plus puissant)? ce résultat qu'il désire, c'est encore pour donner à son existence toutes les jouissances que procure cette rosée bienfaisante qu'on appelle la pluie d'or.

L'homme de finances fait-il de vastes opérations? c'est qu'elles doivent augmenter son trésor et satisfaire ainsi aux caprices qui flattent ses goûts.

Et la philanthropie? me dira-t-on.

Hélas! hélas! l'égoïsme du jour l'a depuis bien longtemps étouffée.

Mais, assez de réflexions philosophiques qui ne conduiraient qu'à des utopies plus ou moins extravagantes.

Quittons les nuages, et revenons sur la terre, sur cette île d'amour que, d'un coup de sa baguette enchanteresse, M. Mabille peupla d'Eucharis et de Calypso. (Ne pas confondre avec celles de l'Opéra.)

Tous les jours, passant dans les Champs-Élysées, l'autorité, qui se promène beaucoup, en voyant les lampions étincelants du jardin Mabille, en entendant le son des instruments, auxquels se mêlent les éclats de rire de la plus franche gaîté, l'autorité, dis-je, a dû penser qu'elle devait voter au chef de cet établissement *philanthropique* (c'est le mot), non-seulement des remercîments pour la manière dont il savait distraire ses administrés, mais encore une récompense qui, aux yeux de tout Paris, prouvât combien dans ce siècle la justice est à l'ordre du jour.

Il y a eu à ce sujet de grandes conférences; on a cherché pendant bien longtemps. On a parlé de titres, et de places d'honneur. Un moment on a songé que M. Mabille, qui avait vu chez lui beaucoup de gens haut placés, pour-

rait faire un député sortable; mais M. Mabille a eu trop de *sens* pour accepter, et il aime mieux encore le *jardin* que la *chambre*, — sans aucune application politique.

On a pensé au prix Monthyon :

plus que personne il l'aurait mérité peut-être ; car, plus que personne, il a aidé à l'union et à la bonne et cordiale entente.

Mais le prix Monthyon n'est qu'un prix de vertu, et de vertu relative encore ! il fallait à notre candidat une démonstration plus générale.

Plus tard, un banquier influent du faubourg Saint-Honoré avait pensé que cet homme, qui était, pour toutes les jeunes et jolies veuves qui se rendent à l'allée de ce nom, une providence, un père..., pourrait faire un excellent maire... ; mais le premier arrondissement ne pouvait lui convenir... On a songé alors à lui présenter le *treizième*, comme plus identique à sa position joviale. Le treizième, en effet, est de tous les arrondissements le plus couru, le plus habité, qui demande des capacités plus étendues, et surtout plus variées.

Le treizième arrondissement, à lui seul, résume les douze autres.

Cette fois, notre Cincinnatus a encore répondu par un refus. Alors, il faut bien le dire, on s'est trouvé fort embarrassé ; un homme qui refuse tout... est aujourd'hui rare!.. Alors un des plus sensés de l'assemblée a émis cette idée qui a réuni l'unanimité des suffrages. Du

haut de la tribune, il s'est écrié, avec cet enthousiasme qui anime toujours les grands
cœurs et les barytons :

« Messieurs, j'éprouve le pressant besoin...

— Sortez..! sortez..! s'est-on récrié de toutes
parts. — Non, reprit-il avec une verve impro-
visée dans le sujet même, j'éprouve le pressant
besoin de vous dire que, puisque cet homme
refuse tout ce qu'on lui offre..., il faut lui demander ce qu'il désire... »

Cette phrase, aussi claire que sage, produi-
sit un effet électrique ; tout le monde se leva
comme un seul homme, on battit des mains,
et la proposition fut acceptée à l'unanimité.

Le lendemain, une assemblée de *notables* du
quartier (où, par parenthèse, on n'en compte
pas mal) s'est rendue chez M. Mabille.

Le propriétaire de l'établissement faisait

préparer pour le soir les becs de gaz, et. le plumeau à la main, époussetait le feuillage de ses charmilles.

« — Monsieur, dit alors d'une voix émue le

plus âgé de la troupe, Monsieur...

» — Vous vous répétez, répondit M. Mabille. »

L'interlocuteur reprit sans se troubler :

» — L'homme qui, dans sa vie, n'a fait que du bien à ses semblables doit tôt ou tard en recevoir la récompense...; lisez Berquin et M. Bouilly, ces deux amis des enfants et de la morale. »

M. Mabille fit une profonde révérence. Le plus âgé de la troupe reprit, en plaçant une main sur son cœur :

«—Oui, Monsieur, je ne crains pas de vous assimiler à ces deux écrivains qui se sont occupés de l'éducation de l'enfance, éducation pratique dont vous avez la si heureuse continuation. »

M. Mabille s'inclina de nouveau. Le plus âgé de la troupe reprit, toujours de plus en plus ému, et la main sur le troisième bouton de son gilet :

«—Plus qu'à personne, Monsieur, la population parisienne vous doit des remercîments. La plus belle moitié du genre humain, surtout, doit vous porter dans son cœur... Chez vous elle a toujours été reçue avec urbanité et avec le plus vif *désintéressement* ; chez vous, elle a toujours trouvé une main prête à guider ses pas, un cœur prêt à la recevoir.

» De plus, le gouvernement !.. Que ne vous doit pas le gouvernement, Monsieur ? Quel est l'ennemi le plus dangereux pour l'ordre de chose établi ?... C'est l'oisiveté... qui passe sa vie dans ses pantoufles... l'oisiveté... qui fume des cigarres, qui s'étend mollement sur son divan, et qui occupe tous ses loisirs à fumer et à penser à mal.

» L'oisiveté, a dit un savant penseur, est *la mère de tous les vices ;* et, je vous le demande un peu, qu'est-ce qui mène le plus à l'oisiveté, si ce n'est l'inaction ? — Quand les jambes se reposent, la tête travaille, tandis que, au contraire, quand les jambes s'exercent, la tête se repose : ceci est vrai comme une règle d'arithmétique.

» Vous avez compris cette haute question gouvernementale, et, grâce à vous, le jeune homme inoccupé ne se vautrera plus sur son divan pour fumer des cigarres, il ne restera plus les pieds dans ses pantoufles; grâce à

vous, chaque soir la jeunesse turbulente, polkante et inconstante, aidée de la mesure irréprochable de votre orchestre, saura, en occupant son esprit, donner une salutaire occu-

pation à ses jambes:... Avec de tels moyens,
on garantit la paix à toujours, et c'est en faisant danser qu'on évite les révolutions...

» Et pour de si grands services rendus,
Monsieur, vous refusez toutes les offres qui
vous sont faites au nom de vos concitoyens!
Que voulez-vous donc demander à la patrie...
reconnaissante? »

» — La patrie!... la patrie!... répondit alors
M. Mabille en déposant son plumeau, la patrie!.. Ce nom réveille en moi un désir que
j'ai longtemps formé et que les intrigues
m'ont toujours empêché de réaliser.

» Messieurs, non loin des boulevarts, il est
un temple charmant et coquet où les jeunes
filles que je fais danser le soir vont chanter le
jour... Eh bien, Messieurs, quand, fatigués
des grandeurs et des prospérités de la *masurka*,
que je vous offrirai l'année prochaine, je vou-
drai vivre encore au sein... de mes anciens
souvenirs... je vous demande...

» — Quoi donc ? reprirent tous les notables, le sourire sur les lèvres.

» — Une place de marguillier à Notre-Dame-de-Lorette. »

M. Mabille est donc le prochain candidat offert à la fabrique du mystique boudoir de la rue Laffitte. — Notre-Dame-de-Lorette ne peut lui refuser une place dans son chœur.

POST-FACE.

Tout s'enfuit ici-bas!... et l'archet de Mabille
S'arrête quand la rose a cessé de fleurir!
Et quand un ciel brumeux, enveloppant la ville,
Annonce que l'hiver, hélas! va revenir

C'est ainsi que tout passe et finit dans ce monde!
Tout échappe à nos vœux, espérance et plaisir,
Plus de fleurs, de beau ciel, *sur la machine ronde*,
Si le printemps, lui seul, ne vient nous les offrir!

Octobre nous montrant sa robe jaunissante
Va répandre le deuil dans tous les cœurs joyeux...
Adieu, vive polka!... que l'on trouve charmante
Lorsque l'on peut *polker* avec deux jolis yeux.

Ce bonheur va finir... car le destin l'ordonne,
Le destin !... *ce grand maigre*... est parfois peu galant !
« Allons, de la retraite, a-t-il dit, l'heure sonne ;
» Mabille va dormir... allez en faire autant ! »

Mais Mabille, à ces mots, a senti que la flamme
Qui brûle tous les cœurs qui se rendent chez lui...
Avait avec orgueil ranimé dans son âme
Le désir de briller *demain* comme *aujourd'hui* !

« M'endormir pour six mois ! comme fait la marmotte. »
A-t-il dit en frappant *son vaste cervelet*,
« Non, non, à l'Opéra je réserve une botte
» Dont mourront de douleur Stoltz et Léon Pillet

» Je veux vivre toujours... l'été... l'hiver encore,
» Dans les faubourgs d'Antin je porte mes drapeaux ;
» Véritable *frrrrrançais*... la couleur que j'honore
» Va me faire enfanter des prodiges nouveaux ! »

Alors il s'est levé... vers la barrière Blanche
Il a porté ses pas... et d'un nouveau séjour
Déjà coquettement la coupole se penche
Sur quatre points d'appui, *faits en aile d'amour !*

« Rassurez-vous, enfants, ici, bravant la neige,
» Vous pourrez, a-t-il dit, recommencer vos jeux

» Je veux incessamment que votre gai cortége
» Exécute chez moi des pas voluptueux. »

Mabille a bien pensé!... les piquantes *lorettes*
Ont toutes délogé du quartier dit Bréda...
Et la barrière *Blanche* en fera des *blanchettes*,
Comme on en fait des *rats* au royal Opéra.

LES
CAFÉS DE PARIS.

Le limonadier de Paris, même de la pro-
vince, est ordinairement un mari commode,
le plus commode des maris, car il ne s'est
marié que par spéculation. Garçon de café
avant d'être chef d'établissement, il a eu re-
cours à toutes les industries de complai-
sance qui peuvent valoir un petit cadeau et
ajouter au produit du partage des troncs :
C'est ainsi que, quand il est rangé, le linge,
toujours extrêmement blanc et l'élégante
frisure des cheveux aidant, il est parvenu
à se former une petite pelotte de numé-
raire destinée à acquitter le loyer du rez-

de-chaussée qu'il garnira d'un comptoir, d'un certain nombre de flacons de liqueurs, de tables élégantes, de banquettes et de tabourets plus ou moins élastiques, et d'un fourneau placé dans le recoin le plus en—foncé et le plus ténébreux. Cet isolement et cette obscurité du laboratoire sont de la plus impérieuse nécessité ; il faut que les manipulations ne soient pas accessibles aux regards du public.

Le garçon de café ayant fait sa pelotte cherche une garniture de comptoir, c'est-à-dire une odalisque dont il puisse faire sa légitime épouse. Il faut que cette odalisque soit belle et qu'elle ait un vernis d'éduca-tion aristocratique : elle doit pouvoir causer de tout, littérature, peinture, poésie, spec-tacles, modes, etc. Son œil a besoin d'être caressant et attracteur, mais ne se fixant le plus tendrement possible que sur les chalands les plus fortunés. Il doit les pro—voquer à lui dire des douceurs, il doit les appeler à revenir et à faire de la dépense. Elle est la syrène de céans, faisant à divers degrés espérer des faveurs qu'elle n'accordera en réalité que pour le plus grand avantage de la communauté conjugale à quelque confident des embarras de la maison.

Beaucoup de limonadières sont ce qu'on peut appeler des femmes entretenues : il y a toujours un ami de l'établissement à qui ses assiduités au comptoir reviennent fort cher ; on ne jure que par lui, on ne fait rien sans le consulter, on ne termine aucun achat sans avoir obtenu son assentiment ; on ne contracte aucun engagement sans que, par déférence, on le prie d'intervenir. Il est le conseil perpétuel de la femme comme du mari, leur caution en permanence, et enfin leur banquier en vertu de cet axiome : *Qui répond paie*, contre lequel ne prévaut pas dans ce cas cet autre axiome : *Les conseil- leurs ne sont pas les payeurs*. L'ami de la limonadière égrillarde et du limonadier qui fait le *quinze-vingts* est un pigeon qu'ils plument de concert. Quelquefois c'est un célibataire riche qui, en venant payer au comptoir, a reçu la plus encourageante des œillades : on sait qu'il est en bonne position, parce qu'on le connaît, ou parce qu'il a tous les dehors d'une aisance des plus incontestables. Madame la limonadière a l'air enchanté de son amabilité, de son bon goût, de son esprit, de ses belles manières ; M. le limonadier fait en sorte de ne jamais l'interrompre ou le gêner dans ses fonctions d'enchanteur ; il est aux petits, très-petits, excessivement petits soins pour lui ; il tient on ne saurait plus à le régaler d'huîtres vertes, de vin de Champagne, de faisans truffés, dans des déjeuners ou des soupers auxquels il n'assiste le matin qu'autant que lui permettent ses affaires, le soir qu'autant que la fatigue de la journée ne l'oblige pas à aller se coucher. Le malheureux tombe de sommeil.

— Clorinde, dit à sa femme M. Martinique, je vais taper de l'œil; reste avec
M. Chapuis, tiens-lui compagnie, afin qu'il
ne s'ennuie pas.

— Sois tranquille, mon bijou, répond
Clorinde, nous serons bien sages.

M. Martinique bâille, allume sa bougie
et ne dit mot; M. Chapuis a ressaisi toute sa
liberté, et Clorinde use de tous les manéges
propres à le pousser aux plus grandes lar-
gesses.... elle lui confesse toutes ses détres-
ses; elle lui parlerait bien d'un magnifique
cachemire qu'une marchande à la toilette
lui a offert et qu'on aurait presque pour rien,
pour douze cents francs, par exemple; mais
la fin du mois est bien chargée, cette fatale
échéance du 30 doit ramener au bercail un
groupe de billets qu'on craint bien d'être
obligé de renvoyer sans avoir satisfait à leur
réquisition. C'est ce qui, depuis quelque
temps, rend M. Martinique plus soucieux
que de coutume; il est tout maussade, et

dans ces moments sa mauvaise humeur n'épargne personne.

— Eh quoi ! belle Clorinde, s'écrie avec un compatissant intérêt M. Chapuis, est-ce qu'il ne vous ménagerait pas plus que les autres ?

—Ah ! mon Dieu, pas plus ! mais il ne faut pas lui en vouloir ; M. Martinique n'est vraiment pas méchant, seulement il voudrait faire honneur à ses affaires, et ce qui le chagrine c'est de voir qu'on nous doit énormément et que rien ne rentre ; les crédits vont et montent à pas de géant, les rentrées vont du train d'une locomotive sur le chemin de fer de Paris à Rouen, c'est-à-dire à pas de tortue. Quelqu'un qui nous prêterait une dixaine de mille francs nous rendrait service ! je ne sais ce que je ferais pour lui témoigner ma reconnaissance.

M. Félix Chapuis a la tête tristement penchée sur sa main gauche, tandis que la droite, tombée sur les genoux de Clorinde, s'appuie avec une touchante pression..... Enfin il enveloppe d'un regard des plus expressifs la limonadière, qui laisse pénétrer qu'elle l'a compris et qu'elle n'oubliera pas qu'il s'est préoccupé très-sérieusement de lui être un homme utile. Elle l'enivre de séductions, d'espérances de voluptés possibles une fois qu'elle sera délivrée de ses seuls soucis... Félix Chapuis ne peut y résister : demain il apportera les dix mille francs avec addition très-galante des douze cents francs pour le cachemire... Toutefois, il ne promet rien ; c'est une surprise qu'il ménage à Clorinde, qui jusque là a été assez prudente pour n'accorder que ce qui peut irriter le désir.

M. Félix Chapuis est possesseur d'une grande fortune ; il trouve dix mille francs avec plus de facilité que celui qui vous raconte cette histoire ne trouverait la simple bagatelle de dix centimes ; il a donc ap—

porté les dix mille francs et les douze
cents francs : Clorinde ne se montre pas
ingrate, et M. Martinique fait tout ce qu'il
peut pour lui être agréable ; sous le pré-
texte des affaires de son commerce, il pro-
digue les occasions de tête-à-tête : il a
acheté un coupon de loge de l'Opéra.

— Monsieur Félix, souhaitez-vous aller
à l'Opéra ce soir ? on donne *les Hugue-
nots ;* c'est une fort jolie pièce, à ce qu'on dit

— Vous avez des billets ?

— Oui, un coupon pour deux ; c'est un
de mes amis qui me l'a donné.

— J'accepte volontiers, répond M. Félix,
mais à une condition, c'est que madame
Martinique viendra avec moi.

— Tu veux bien, Martinique ? n'est-ce
pas, que tu veux ? demande Clorinde.

— Ça ne me regarde pas, répond le
limonadier en se promenant gravement, sa
serviette sur le bras.

Ça ne me regarde pas est le genre de

M. Martinique ; rien ne le regarde, du moins en apparence, mais tout a été arrêté, convenu, concerté, prémédité à tête reposée et après les plus savantes combinaisons. A l'heure où les déjeuners sont finis, M. Martinique vient prendre place au comptoir auprès de son épouse : c'est ordinairement pour s'entretenir avec elle de leurs projets. En ce moment, asseyez-vous à la table la plus rapprochée du comptoir, et, si vous avez l'oreille fine, vous entendrez de singulières conversations. Mon ami Lécouflé, l'un des plus étonnants joueurs de dames de la capitale, en a surpris quelques-unes qui mériteraient d'être sténographiées... A deux heures précises Lécouflé et M. Galantin se faisaient apporter le damier ; aussitôt postés en face l'un de l'autre, les pions posés, ils engageaient la bataille. Lécouflé paraissait être tout entier à ses combinaisons, mais c'était une tête napoléonienne à qui rien n'échappait

de ce qui se passait autour de lui ; comme
le solitaire du vicomte d'Arlincourt, il
entendait tout, absolument tout. A l'instant où il faisait un de ces coups de maî-
tre qui arrachent un cri d'enthousiasme
à toute une galerie d'oisifs, assez mal par-
tagés du côté de la fortune pour maugréer
contre les gens de loisir, son ouïe s'imbi-
bait de tous les sons articulés dont l'émis-
sion avait lieu dans son voisinage. Ainsi,
sans qu'on le soupçonnât, il était initié à
tous les projets du comptoir, c'est-à-dire
de M. et de madame Martinique, et il
m'en régalait quelquefois. Un jour, il fut
annoncé que Clorinde devait faire une
absence ; elle allait passer quinze jours
auprès d'une de ses amies de pension qui
avait son château dans le Vivarais. Elle
partit en effet lorsque tout le monde avait
pu s'apercevoir que M. Félix Chapuis ne
paraissait plus depuis à peu près une se—
maine. Cela expliquait ainsi cette éclipse

momentanée de l'astre du comptoir devenu invisible à Paris...

M. Martinique se propose de faire de son café un palais féérique ; il doit l'enrichir de glaces d'un volume prodigieux, d'or et d'admirables arabesques, le décorer des plus somptueuses draperies ; l'or, le bronze, les marbres les plus rares doivent y être prodigués ; les siéges seront des divans d'un orientalisme sans égal ; les vases de vermeil, les lampes et les flambeaux seront de la plus élégante ciselure ; le comptoir sera un temple sous le dais duquel s'élèvera un autel mosaïque.

Pour réunir toute cette magie, il ne faut pas moins de deux cent mille francs ; il n'est personne au monde qui puisse subvenir à cette dépense que M. Félix Chapuis ; on ne lui demandera que de commanditer cette fastueuse machine, avec laquelle on se flatte d'étourdir, d'éblouir le public. La foule s'empressera au café sans pareil, et de toutes parts l'eau arrivera au moulin. Voilà ce que Clorinde doit exposer à M. Félix Chapuis ; elle doit lui peindre sous les plus brillantes couleurs les résultats de la merveilleuse conception de M. Martinique ; elle doit, seule à lui et avec lui, l'enivrer de bonheur et lui faire espérer plus encore que cette ivresse pour qu'il n'ait rien à lui refuser.

Clorinde s'acquitta avec tant d'habileté de cette mission délicate, elle usa de tant de diplomatie, que M. Félix Chapuis consentit à tout ce qu'elle désirait. Elle se voyait princesse, reine, divinité ; elle allait trôner plus splendidement qu'il n'était advenu à aucune autre ravissante créature de son sexe ; elle était, en perspective, au-dessus du cinquième ciel, et elle s'y contemplait, par l'imagination, comme une houri des plus suaves et des plus aériennes. — Au milieu de tant de fidèles reflecteurs, de tant de vives et blanches lumières, elle étincellerait comme le plus pur des diamants. — La tête lui en tournait, à cette charmante Clorinde !

Enfin le plan de M. Martinique fut mis à exécution, et en moins de trois mois le sanctuaire de la limonade fut en état de recevoir sa déesse.

Le jour fixé pour l'ouverture fut un jour de gala ; il y eut un banquet où furent servis en abondance les produits les plus exquis de la gastronomie européenne. M. Félix, le roi de cette fête, était assis à la gauche de Clorinde ; à sa droite était un neveu du shah de Perse, qu'elle traitait avec un rare sentiment d'hospitalité. C'était lui qui, à l'insu de M. Félix Chapuis, lui avait fait présent d'un cachemire de douze cents francs que ce dernier croyait avoir payé.

Parmi les convives se faisait remarquer l'élite des viveurs, le duc de Jornandis, lord Tuamour, un ex-directeur de théâtre renommé pour son esprit et pour son étonnante facilité à contracter des dettes énormes ; puis, avec ces messieurs, des fils de famille aspirant à marcher sur leurs traces, des journalistes gourmands, comme ils le sont tous, des auteurs dramatiques, etc.

La crémaillère fut inaugurée bruyamment après qu'on l'eut trempée comme une soupe de tous les vins les plus éligibles. Trois heures après qu'on se fût mis à table, tous les convives étaient à peu près gris, et la conversation était raisonnablement decolletée (ne lisez pas *déculotée*).

Clorinde avait le vertige, ou plutôt elle délirait, si bien que, n'ayant plus aucune considération de tenue et de convenance, elle embrassait avec une mirobolante effusion, tantôt le neveu du shah de Perse, tantôt M. Félix Chapuis, tantôt M. Martinique. *In vino veritas !* la vérité n'est pas au fond d'un puits.

Le lendemain, elle crut se rappeler qu'elle avait fait des bêtises.

— Mon Dieu ! mon Dieu ! disait-elle à M. Martinique, pourvu que Félix ne se soit aperçu de rien, et, s'il s'est aperçu de quelque chose, pourvu que cela soit si confus dans sa mémoire qu'il s'imagine avoir rêvé ! Heureusement que notre café est en pleine activité et que mon séjour à la campagne a porté tous ses fruits.

— A l'exception d'un seul pourtant ou de deux, répliqua M. Martinique ; car tu commences à t'arrondir, et ce n'est pas mon fait. Je compte sur M. Félix pour être le parrain ; il est trop juste qu'il réponde de ses œuvres et qu'il les soutienne ici-bas. C'est pour cela qu'il faudrait éviter, à moins de trop graves motifs, de lui donner des sujets de jalousie.

— Je serai prudente ; j'ai depuis long-temps pris la résolution d'être fort circonspecte ; mais je crains bien qu'hier, dans l'entrain de nos jubilations, il ne me soit échappé quelque énorme excentricité saint-simonienne.

— Rassure-toi, mon amie ; M. Félix était trop plein de vapeurs pour remarquer tes explosions.

— J'aime à le croire ; mais il faudrait qu'il eût été bien aveugle pour ne pas concevoir quelques soupçons sur l'empressement trop marqué de l'Espagnol, qui me faisait si ostensiblement les doux yeux et que je n'osais pas décourager de peur qu'il ne supposât que je suis une Lucrèce. Sais-tu qu'il est fort riche, cet Espagnol, et qu'il possède peut-être plus de millions que Félix n'a de billets de mille francs ? Au besoin, il pourrait nous être extrêmement utile ; je veux tâcher de l'enlacer dans mes filets ; il est fort sensible au jeu de la prunelle, et je suis certaine d'avoir fait sur lui une fière impression.

— Ah ! il est fort riche, c'est vraiment

à considérer... Cependant, s'il voulait t'emmener en Espagne...

— Qu'est-ce que cela te ferait, si je ne revenais qu'avec des trésors ?...

— Je sais bien, je sais bien... mais on peut franchir les Pyrénées, et les Pyrénées une fois franchies, être planté là ; ce serait fort désagréable ; tu connais le proverbe : *Entre deux chèvres, le chou par terre...* M. Félix nous abandonnerait, et notre avenir serait flambé.

— Ne crains rien, Martinique, je n'émigrerai jamais sans avoir les garanties les plus positives et la certitude de bientôt te revoir. Quant à M. Félix, il prendra son parti d'une inconstance passagère ; d'ailleurs, il commence à m'ennuyer. Ah ! mais c'est qu'il est fièrement exigeant ! à la vérité, il fait des sacrifices, mais nous en faisons aussi, et de très-grands, je t'assure.

Tout café à monstrueux étalage brigue la pratique des viveurs les plus répandus :

ceux-là d'ordinaire n'ont pas le sou, mais ils ont connu et connaissent encore toute cette masse éphémère de dandys dévorants qui mangent le capital avec le revenu ; ils sont les amis de tous ceux qui entretiennent la lorette, la danseuse, la figurante ou la comédienne, de tous ceux qui fréquentent les coulisses ou le Jockey-Club ; ils sont aussi dans l'intimité la plus parfaite avec ce qu'on appelle *les faiseurs*, gens qui font vendre des marchandises avariées, cotées à six fois leur valeur, à des prodigues qui ne paieront jamais, ou prêter de l'argent sur de mauvaises signatures.

Le limonadier doit donc, s'il veut s'achalander, ou plutôt qu'il ne soit pas mis en interdit, passer un traité avec un ou deux de ces viveurs anthropophages dont l'appétit et la soif inextinguible pompent dans tout héritage échu à une jeunesse inexpérimentée et fougueuse.

Voilà quel est son petit concordat avec eux :

M. Bouffetoujours a droit à un déjeuner pour lui et pour un de ses amis tous les jours que Dieu fera ; il a pareillement droit à un souper des plus confortables en partie double. La lorette à son usage sera défrayée, quant à la nourriture, aux frais de l'établissement.

M. Bouffetoujours pourra, quand il le jugera convenable, donner des repas matinaux ou nocturnes, à dix, douze ou quinze jeune gens à qui il fera prendre l'engagement de se ruiner dans la maison.

La liste civile de M. Bouffetoujours est fixée à vingt francs par jour, et depuis le 1er janvier jusqu'au carnaval, à quarante francs, qu'il recevra en faisant le simulacre de les payer au comptoir.

Si M. Bouffetoujours se trouve sous le coup d'une trop pressante nécessité, M. Martinique lui fera des avances perdues

jusqu'à concurrence d'une somme illi-
mitée.

M. Bouffetoujours promet la vogue à
tout grand café avec lequel il est en paix :
la vogue, on l'espère ; mais on a beau
débiter de l'eau chaude, les recettes ne
montent jamais au niveau des dépenses,
et puis les chalands, attirés par M. Bouffetoujours, ont acquis des crédits affreux.
Pour se remettre à flot, le limonadier
aurait à combler un abîme d'une profondeur immense. Si ce limonadier est
M. Martinique, il a la douleur de se
convaincre qu'il n'est pas le seul à s'apercevoir que sa Clorinde a vieilli, considé-
rablement vieilli, malgré toutes les res-
sources de l'hygiène et de la cosmétique.

TABLE.

Imp. et lit. Maistrasse et Wiart, r. N.-D.-des-Victoires, 16.

Imp. de Pommeret et Guénot, rue Mignon, 2.

www.ingramcontent.com/pod-product-compliance
Ingram Content Group UK Ltd.
Pitfield, Milton Keynes, MK11 3LW, UK
UKHW020913120726
13693UKWH00003B/1010